AF218799

Impressum
Verlag: BABADADA GmbH, Nedderfeld 112 , 22529 Hamburg
Geschäftsführer / Verlagsleitung: Harald Hof
Druck: Books on Demand GmbH, In de Tarpen 42, 22848 Norderstedt

Imprint
Publisher: BABADADA GmbH, Nedderfeld 112 , 22529 Hamburg, Germany
Managing Director / Publishing direction: Harald Hof
Print: Books on Demand GmbH, In de Tarpen 42, 22848 Norderstedt

sukuu
colegio

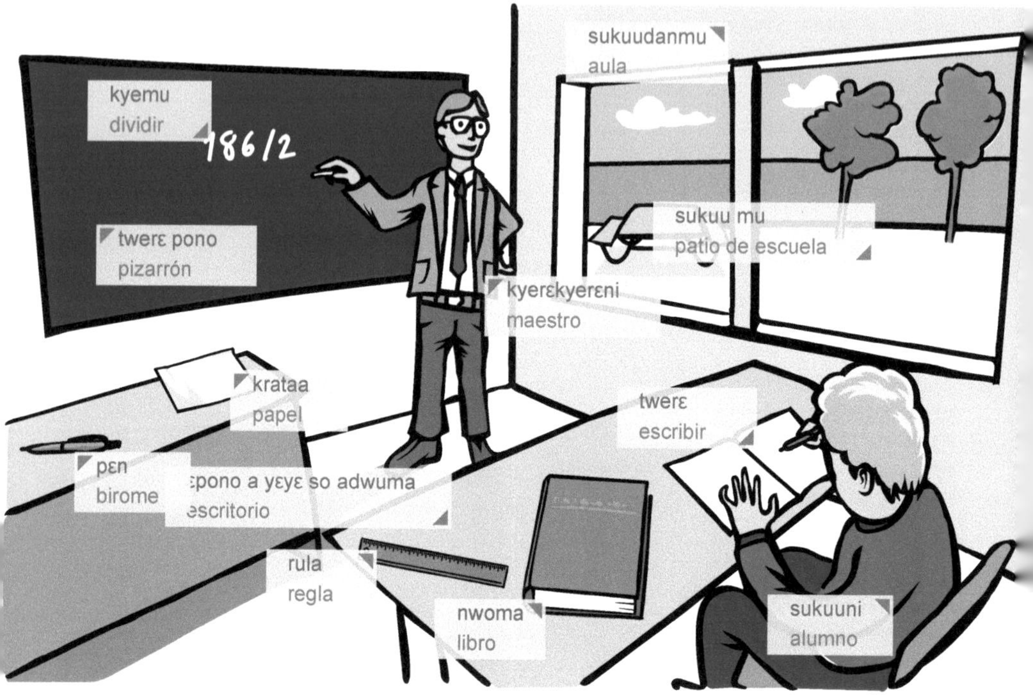

sukuudanmu
aula
kyemu
dividir
186/2
twerɛ pono
pizarrón
sukuu mu
patio de escuela
kyerɛkyerɛni
maestro
krataa
papel
twerɛ
escribir
pɛn
birome
pono a yɛyɛ so adwuma
scritorio
rula
regla
nwoma
libro
sukuuni
alumno

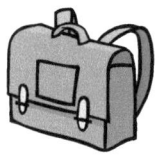

baage

mochila

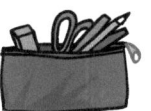

twerɛdua konko

caja de lápices

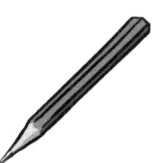

twerɛdua

lápiz

deɛ yɛde sensen twerɛdua ano

sacapuntas

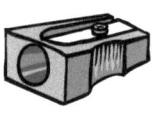

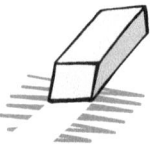

rɔba

goma (de borrar)

krataa a yɛdwi adeguso

bloc de dibujo

adedwie

dibujo

penti brɔhye

pincel

penti adaka

caja de pinturas

apasoɔ

tijera

aman

pegamento

nwoma a yɛyɛ mu adwuma

cuaderno de ejercicios

efie adwuma

tarea

12

nɔma

número

2+2

kabom

sumar

5-2

te fri mu

restar

2×2

mmɔho

multiplicar

sese

calcular

A

lɛtɛ

letra

ABCDEFG HIJKLMN OPQRSTU VWXYZ

ntwerɛeɛ

abecedario

asɛmfua

palabra

ntwerɛdeɛ

texto

kenkan

leer

kyɔk

tiza

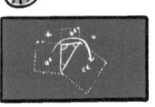

adesua

lección

twerɛ wo din

cuaderno de clase

nsɔhwɛ

examen

abodinkrataa

certificado

sukuu ataadeɛ

uniforme escolar

adesua

educación

nyansa nwoma

enciclopedia

suapɔn

universidad

maakroskop

microscopio

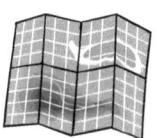

map

mapa

kɛntɛn a yɛde krataa nwura
gu mu

tacho (de basura)

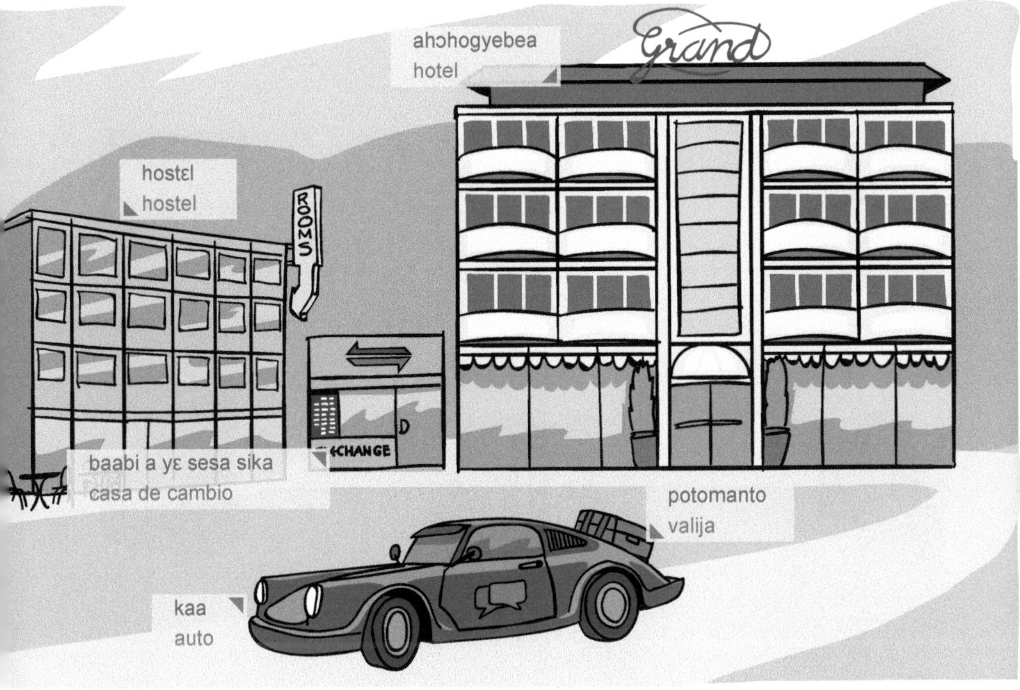
ahɔhogyebea
hotel
Grand
hostɛl
hostel
ROOMS
baabi a yɛ sesa sika
casa de cambio
potomanto
valija
kaa
auto

kasa
....
idioma

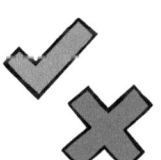

aane / dabi
....
sí / no

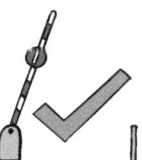

Yoo
....
Está bien

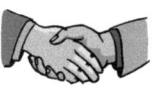

hɛlo
....
hola

kasa asekyerɛfoɔ
....
traductor

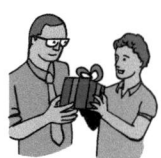

Medaase
....
Gracias

...bɔɔ yɛ sɛn?

¿cuánto cuesta...?

Me nte aseɛ

No entiendo

ɔhaw

problema

Maadwo!

¡Buenas tardes!

Maakye!

¡Buenos días!

Dayie!

¡Buenas noches!

baibai o

adiós

akwankyerɛ

dirección

wo nneɛma

equipaje

bɔtɔ

bolso

akyirebɔtɔ

mochila

ɔhɔhoɔ

invitado

danmu

habitación

bɔtɔ a yɛda mu

bolsa de dormir

ntomadan

carpa

nsɛm dema wɔn a wɔkɔ
nsrahwɛ

información turística

mpoano

playa

kaade a yɛde yi sika

tarjeta de crédito

anɔpa aduane

desayuno

awua aduane

almuerzo

anwumerɛ aduane

cena

tiket

pasaje

pegya

ascensor

stamp

sello

ɛhyeɛ so

frontera

kutɔmfoɔ

aduana

embasi

embajada

visa

visa

passpɔt

pasaporte

akɔneabadie
transporte

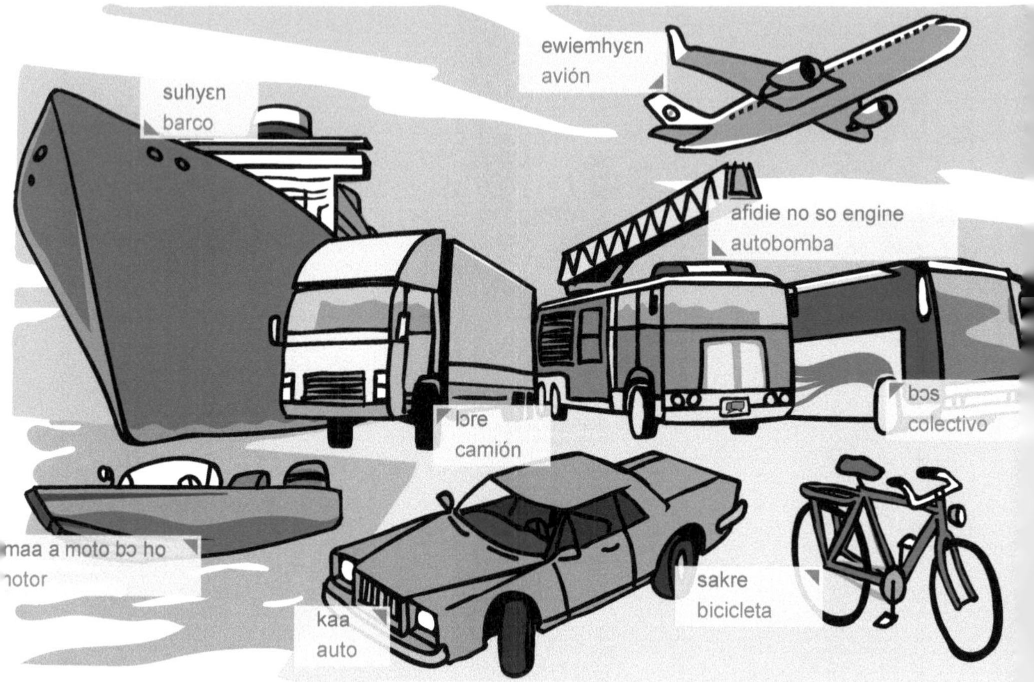

ewiemhyɛn
avión
suhyɛn
barco
afidie no so engine
autobomba
bɔs
colectivo
lɔre
camión
maa a moto bɔ ho
sakre
bicicleta
kaa
auto

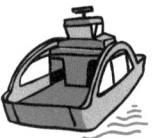

hyɛma

ferry

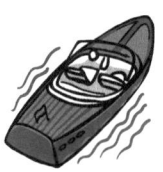

suhyɛn kumaa

bote

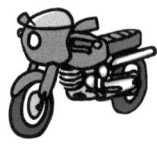

motosakre

moto

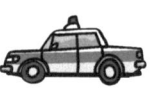

polisifoɔ kaa

patrullero

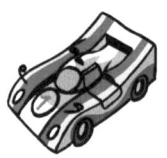

kaa a ɛkɔ mirika akansie

auto de carreras

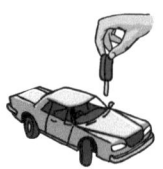

kaa a yɛde ma ahan

auto de alquiler

wɔre kyɛ kaa

alquiler de autos

lɔre a asɛeɛ

grúa

bɔɔla kaa

camión de basura

moto

motor

pɛtro

nafta

baabi a yɛbu pɛtro

estación de servicio

trafik ahyɛnsodeɛ

señal de tránsito

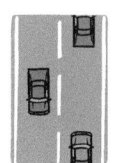

trafik

tránsito

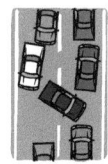

trafik akye

embotellamiento

baabi a yɛde kaa esi

estacionamiento

keteke gyinabea

estación de tren

keteke kwan

vías

keteke

tren

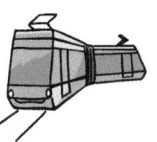

tram

tranvía

ponkɔ kaa

vagón

helikopta

helicóptero

ewiemhyɛnbea

aeropuerto

abansoro

torre

apasingyani

pasajero

tontowa

contenedor

adaka

caja de cartón

kaate

carretilla

kɛntɛn

canasta

atu / asi fam

despegar / aterrizar

kuro kɛseɛ

ciudad

akurase

pueblo

kuro dwaberɛ mu

centro de ciudad

efie

casa

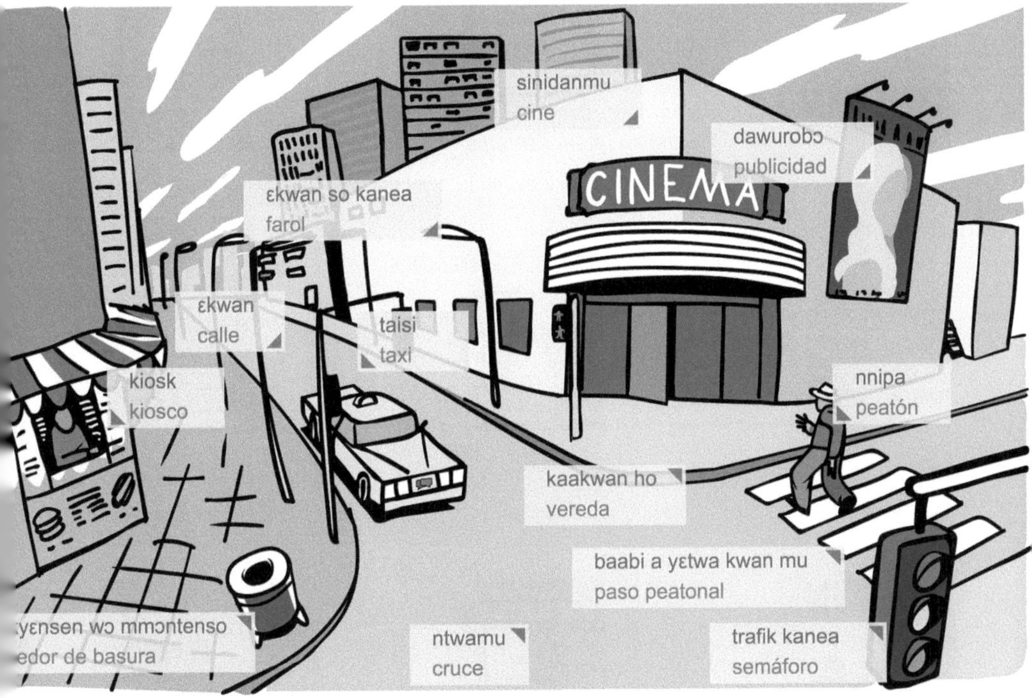

sinidanmu
cine
dawurobɔ
publicidad
CINEMA
ɛkwan so kanea
farol
ɛkwan
calle
taisi
taxi
kiosk
kiosco
nnipa
peatón
kaakwan ho
vereda
baabi a yɛtwa kwan mu
paso peatonal
yɛnsen wɔ mmɔntenso
edor de basura
ntwamu
cruce
trafik kanea
semáforo

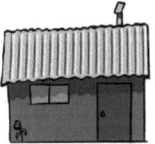

apata

cabaña

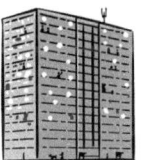

efie

departamento

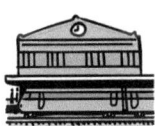

keteke gyinabea

estación de tren

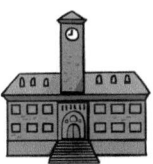

adwaberɛm

municipalidad

MUSEUM

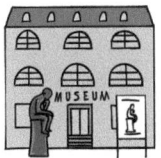

bea a yɛ kora tete nneɛma

museo

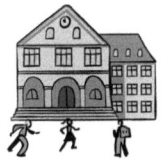

sukuu

colegio

suapɔn

universidad

sikakrobea

banco

ayaresabea

hospital

ahɔhogyebea

hotel

famasi

farmacia

asoeɛ

oficina

sotɔɔ a wɔtɔn nwoma

librería

sotɔɔ

negocio

baabi yɛtɔn nhwiren

florería

sotɔɔpɔn

supermercado

edwam

mercado

sotɔɔ kɛseɛ

grandes tiendas

baabi a yɛtɔn mpataa

pescadería

dwadibea kɛseɛ

centro comercial

suhyɛn gyinabea

puerto

baabi kaa gyina
....
parque

bɛnkye
....
banco

ɛtwene
....
puente

atwedeɛ
....
escaleras

asaase ase
....
subte

ɛbɔn
....
túnel

baabi a bɔs gyina
....
parada del colectivo

nsanombea
....
bar

adidibea
....
restaurante

lɛta adaka
....
buzón

ɛkwan so akwankyerɛ
....
letrero

baabi kaa gyina ho mita
....
parquímetro

zoo
....
zoológico

nsuo a yɛ dware mu
....
pileta

nkramodan
....
mezquita

afuo
granja

deɛ egu mmɔnten so fi
contaminación

asieɛ
cementerio

asɔre
iglesia

agodibea
juegos infantiles

asɔre dan
templo

mmɔnten so asiesie
paisaje

ahaban
hoja

sanbɔd
poste indicador

kwan
camino

asaase a ɛsere wɔ so
pradera

boba
piedra

dua
árbol

ɔnantefoɔ
excursionista

asubɔnten
río

dua
árbol

ɛsere
hierba

nhwiren
flor

amenamu

valle

bepɔ

montaña

tadeɛ

lago

kwaeɛ

bosque

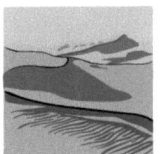

ɛserɛ so

desierto

egya a efri botan mu

volcán

abankɛseɛ

castillo

nyankontɔn

arco iris

emere

champiñón

abɛtene

palmera

ntomntom

mosquito

tu

mosca

ntɛtea

hormiga

wowa

abeja

ananse

araña

amankuo

escarabajo

aponkyerɛni

rana

opuro

ardilla

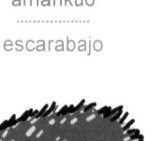

apɛsɛ

erizo

adanko

liebre

patuo

lechuza

anomaa

pájaro

nsuo mu dabodabo

cisne

kɔkɔte

jabalí

adoa

ciervo

ɔtweenini

alce

dam

presa

wind turbine afidie

aerogenerador

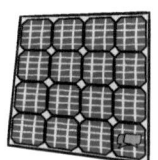

afidie a ɛkye awia

panel solar

wiem nsakraeɛ

clima

adidibea

restaurante

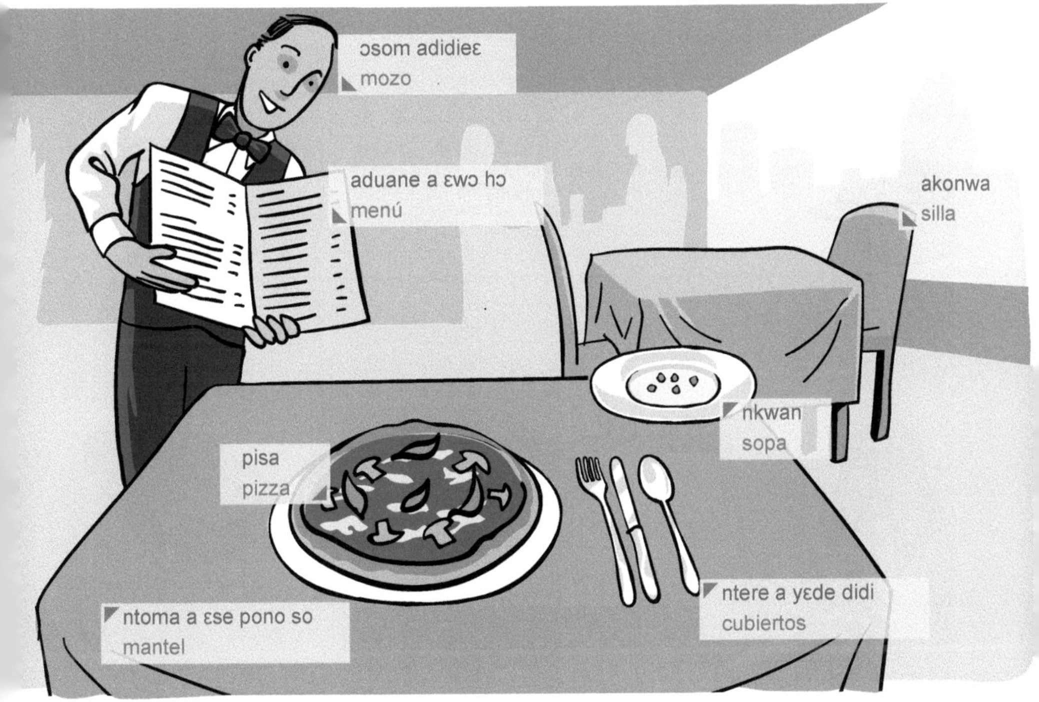
ɔsom adidieɛ
mozo
aduane a ɛwɔ hɔ
menú
akonwa
silla
nkwan
sopa
pisa
pizza
ntoma a ɛse pono so
mantel
ntere a yɛde didi
cubiertos

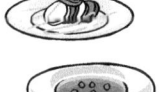

mprampra anom

entrada

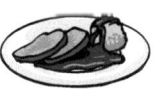

aduane no ankasa

plato principal

mpa anom

postre

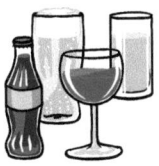

nsa

bebidas

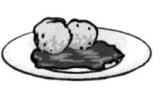

aduane

comida

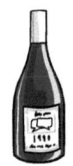

toa

botella

aduane hyewhyew

comida rápida

abɔnten so aduane

comida callejera

tii kukuo

tetera

asikyire konko

azucarera

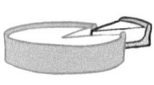

wo kyɛfa

porción

espresso afidie

cafetera expreso

akonwa tenten

sillita alta

wo ka

cuenta

apanpan

bandeja

sekan

cuchillo

adinam

tenedor

atere

cuchara

atere ketewa

cucharita

napkin a yɛde pepa ano

servilleta

glase

vaso

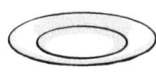

prɛte
plato

kwan kyɛnsee
plato hondo

prɛte ketewa
plato

abomu
salsa

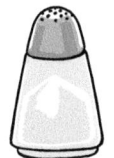

nkyene kukuo
salero

yɛde yam mako
molinillo de pimienta

fenega
vinagre

anwa
aceite

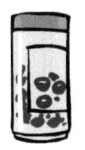

aduhwam
especias

kɛkyɔp
kétchup

mustad
mostaza

mayones
mayonesa

sotɔɔpɔn
supermercado

ntesoɔ soronko
oferta especial
adetɔfoɔ
cliente
nanatwie nufusuo
lácteos
hwiili
changuito
aduaba
fruta
FOR

BUTCHERS

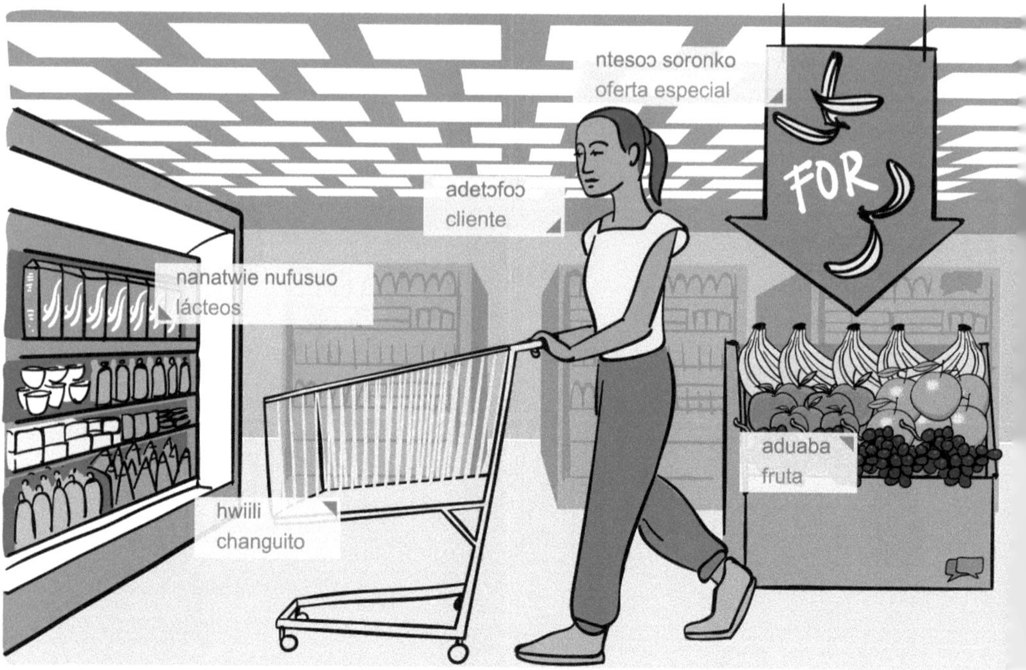

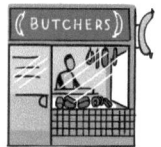

baabi a yɛtɔn nam

carnicería

BAKERY

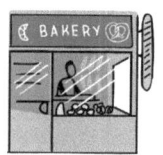

baabi a yɛtɔn paano

panadería

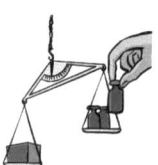

susu

pesar

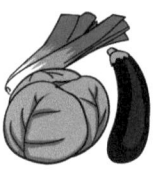

atosodeɛ

verduras

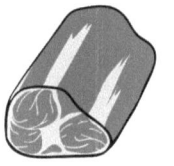

nam

carne

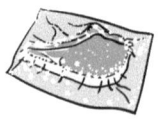

frigyemu aduane

alimentos congelados

nam a adwoɔ

fiambres

kyɛnsee mu aduane

alimentos enlatados

paoda samena

detergente en polvo

adedɔkodɔkɔ

golosinas

efie nneɛma

electrodomésticos

adetɔneɛ a yɛde pepa fin

productos de limpieza

nnipa a ɔtɔn adeɛ

vendedora

afidie a egye sika

caja

ɔgyegye sika

cajero

krataa a wodi rekɔ di dwa

lista de compras

berɛ a wɔde bua

horario de atención

sikabotɔ

billetera

kaade a yɛde yi sika

tarjeta de crédito

baage

cartera

rɔba baage

bolsa de plástico

nsa

agua

aduaba mu nsuo

jugo

nufusuo

leche

kok

bebida cola

wain nsa

vino

biya

cerveza

mmorosa

alcohol

kokoo

cacao

tii

té

kofe

café

espresso

café expreso

kapukyino

cappuccino

kwadu

banana

apol

manzana

ankaa

naranja

melon

melón

akutɔɔ

limón

karɔt

zanahoria

garlik

ajo

pampro

bambú

gyeene

cebolla

mmere

champiñón

nkateɛ

nueces

talia

fideos

spageti

tallarines

εmo

arroz

salad

ensalada

kyipis

papas fritas

abrɔdwomaa a y'akye

papas fritas

pisa

pizza

hambɔga

hamburguesa

sanwekye

sándwich

nam a dompe nnim

churrasco

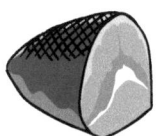

preko nam

jamón

nam a y'ahata

salame

sɔsege

salchicha

akokɔ

pollo

toto

asado

apataa

pescado

oosu koko

copos de avena

muesli

muesli

konflese

copos de maíz

esam

harina

krossant

medialuna

paano a y'abobɔ

pancito

paano

pan

paano a y'atoto

tostada

biskete

galletitas

bɔta

manteca

nufusuo a ada

cuajada

keeke

torta

kosua

huevo

kosua a y'akyeɛ

huevo frito

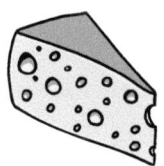

kyiis

queso

asskrim

helado

asikyire

azúcar

ɛwoɔ

miel

gyaam

mermelada

kyokolete

pasta de chocolate

kɔri

curry

afuo
granja

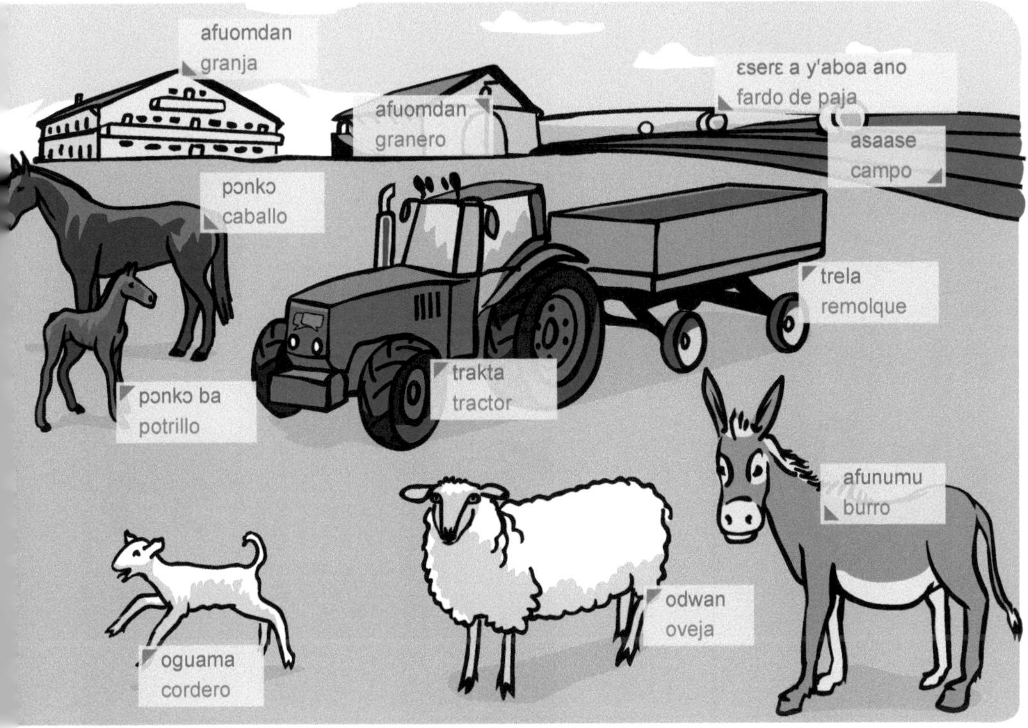
afuomdan
granja
afuomdan
granero
ɛserɛ a y'aboa ano
fardo de paja
asaase
campo
pɔnkɔ
caballo
trela
remolque
trakta
tractor
pɔnkɔ ba
potrillo
afunumu
burro
odwan
oveja
oguama
cordero

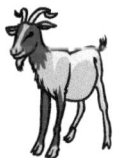

apɔnkye

cabra

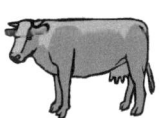

nantwie

vaca

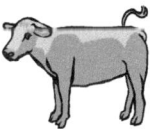

nantwie ba

ternero

prɛko

cerdo

prɛko ba

lechón

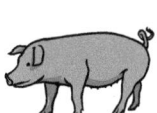

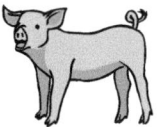

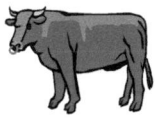

nantwinini

toro

dabodabo nua

ganso

dabodabo

pato

akokɔba

pollo

akokɔbedeɛ

gallina

akokɔnini

gallo

kusie

rata

ɔkra

gato

akura

ratón

nantwinini

buey

kraman

perro

kraman buo

cucha

afuom drobɛn

manguera

tontora a yɛde gu nsuo

regadera

sekan a yɛde twa aburo

guadaña

funtum dadeɛ

arado

kɔntɔnkrɔ

hoz

asɔ

azada

afuom adinam

horquilla

akuma

hacha

hweebaro

carretilla

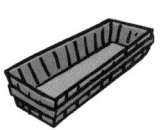

adidika

abrevadero

nufusuo konko

lechera

bɔtɔ

bolsa

ɛban

reja

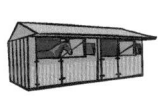

pɔnkɔ dan

establo

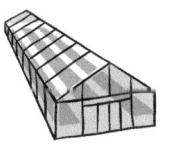

ntomadan a yɛyɛ mu afuo

invernadero

anwea

suelo

aba

semilla

ɔyɛ asaaseyie

fertilizador

otwaberɛ trakta

cosechadora

twa
....
cosechar

otwaberɛ
....
cosecha

bayerɛ
....
batatas

ayuo
....
trigo

soya
....
soja

abrɔdwomaa
....
papa

aburo
....
maíz

repu aba
....
semilla de colza

dua a ɛso aba
....
árbol frutal

bankye
....
mandioca

aburo asefoɔ
....
cereales

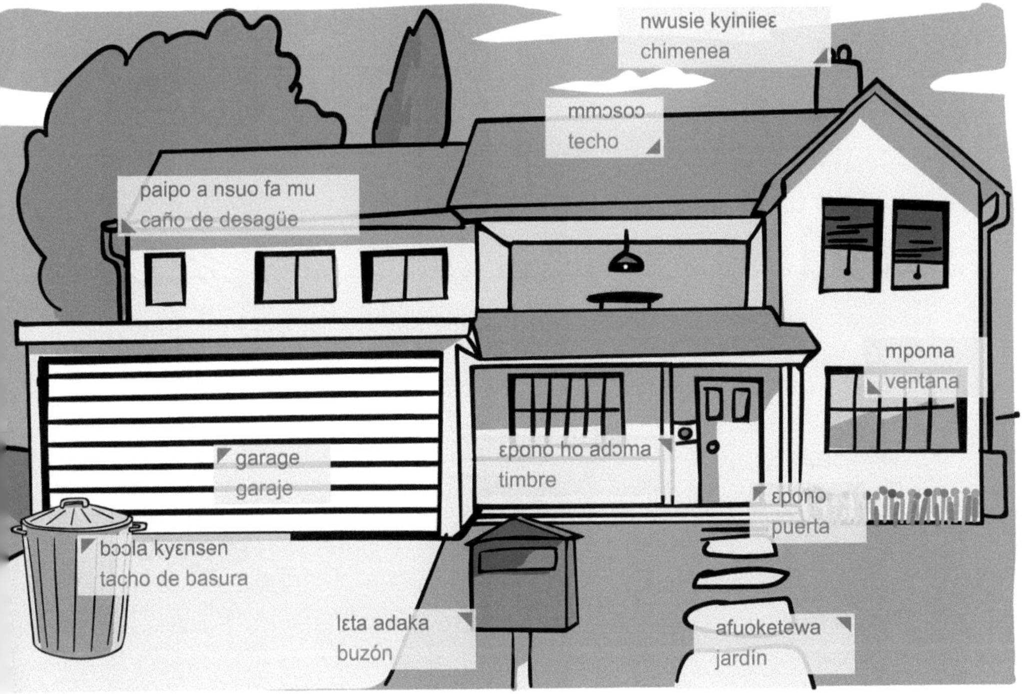

nwusie kyiniieɛ
chimenea

mmɔsoɔ
techo

paipo a nsuo fa mu
caño de desagüe

mpoma
ventana

garage
garaje

ɛpono ho adɔma
timbre

ɛpono
puerta

bɔɔla kyɛnsen
tacho de basura

lɛta adaka
buzón

afuoketewa
jardín

asaso

living

adwareɛ

baño

mukaase

cocina

pie mu

dormitorio

nkwadaa dan mu

cuarto de los chicos

dan a yɛdidi mu

comedor

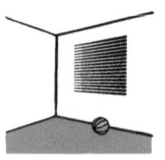

ɛfam

piso

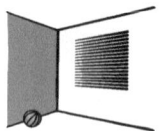

ɛban

pared

abruuso

cielorraso

danbloo

sótano

adwereɛ a ɛbɔ ɔhyew

sauna

abranaa

balcón

abranaaso

terraza

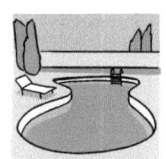

nsuo a yɛdware mu

pileta

afidie a yɛde dɔ

cortadora de pasto

nsɛfam

sábana

ntoma a ɛse kɛtɛ so

acolchado

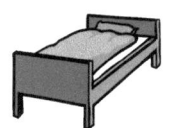

mpa

cama

prayɛ

escoba

bokiti

balde

dane

interruptor

asaso
living

kurataa a ɛfam dan ho
empapelado
nfonin
imagen
kanea
lámpara
kɔbɔd
estante
kɔbɔd adaka
armario
tiivi
televisión
egya dabrɛ
chimenea
nhwiren
flor
kuhyɛn
almohadón
akonwa kɛseɛ
sofá
kukuo a nhwiren hye mu
florero
remote
control remoto

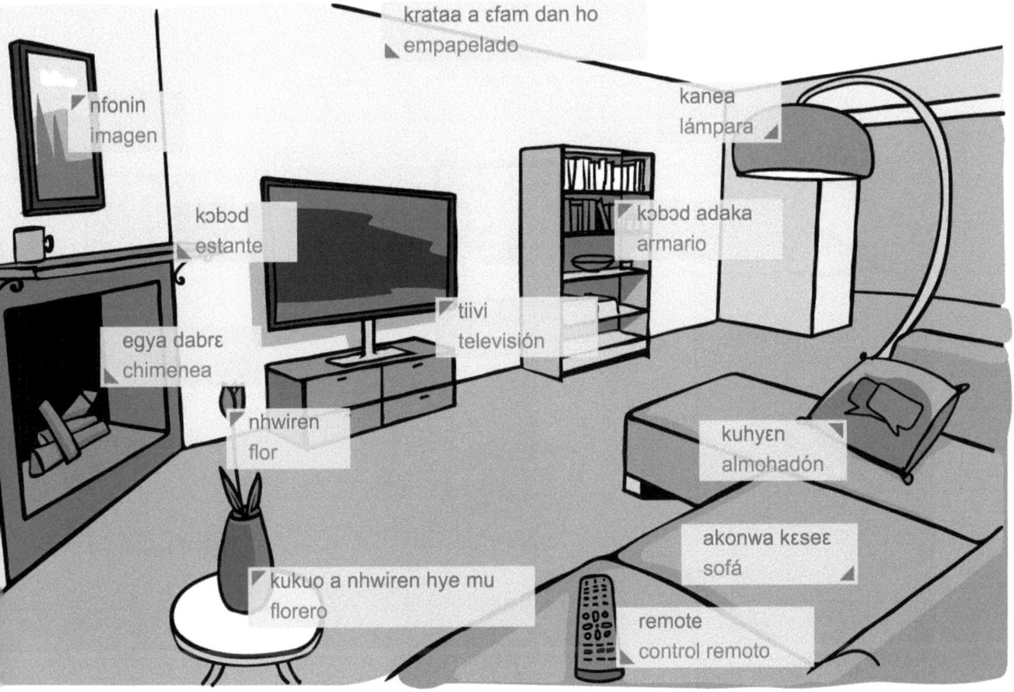

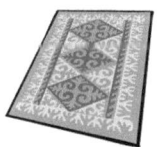

kapɛte
alfombra

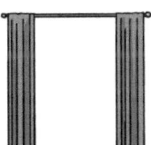

ntwaa dan mu
cortina

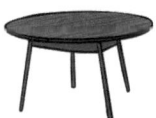

ɛpono
mesa

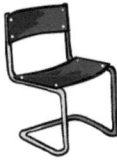

akonwa
silla

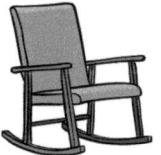

akonwa a ehinhim
mecedora

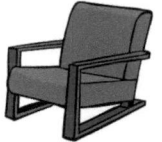

akonwa a yɛgyegye dan
sillón

nwoma

libro

kuntu

frazada

dan mu nsiesie

decoración

egya

leña

sini

película

wailɛs

equipo de música

safoa

llave

koowaa krataa

diario

nfonin a y'adwi

pintura

nfam danho

póster

radio

radio

krataa a yɛ twere mu

cuaderno

afidie a ɛprapra

aspiradora

kaktus

cactus

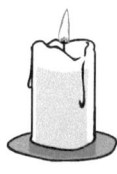

kyɛnere

vela

mukaase
cocina

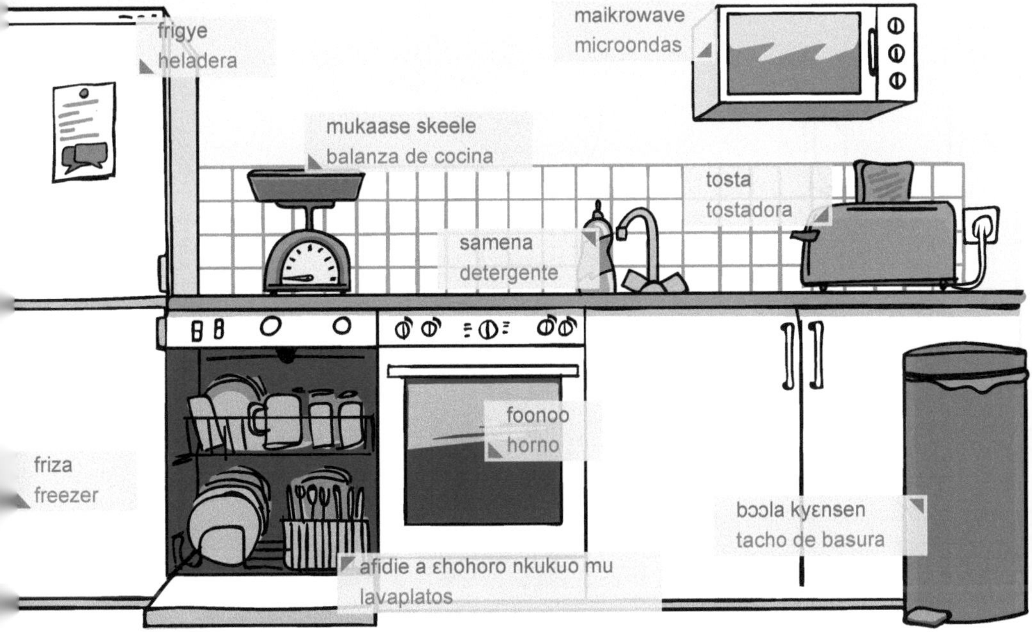
frigye
heladera
maikrowave
microondas
mukaase skeele
balanza de cocina
tosta
tostadora
samena
detergente
foonoo
horno
friza
freezer
bɔɔla kyɛnsen
tacho de basura
afidie a ɛhohoro nkukuo mu
lavaplatos

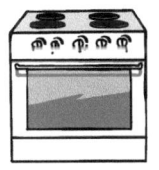

abɛɛfo bukyea

cocina

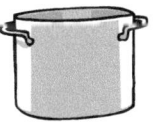

kokuo

olla

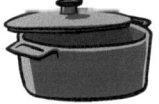

dadesɛn

olla de hierro fundido

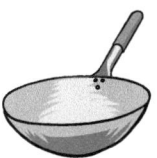

wok / kadai

wok

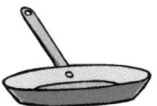

kyɛnsee

sartén

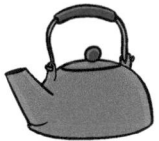

nsuo hyeɛ afidie

pava

stiima

vaporera

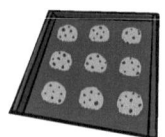

apa a yε to so adeε

bandeja de horno

prεte, kuruwa, ntere ne nea
εkeka ho

vajilla

kuruwa a etumi bɔ

taza

kyεnsee

bol

nnua a yεde didi

palitos

kwantre

cucharón

dua atere

estpátula

yεde nu adeε mu

batidora

sɔneε

colador

fefe

colador

greta

rallador

waduro

mortero

kyinkyinga

parrilla

bukyea

fogata

ɛpono a yɛ twitwaso adeɛ

tabla de picar

ɛta

palo de amasar

deɛ yɛtu nsa so

sacacorchos

konko

lata

deɛ yɛde bue konko so

abrelatas

yɛde sɔ kukuo mu

manopla

sink

pileta

brɔhye

cepillo

sapɔ

esponja

aduane yam fidie

batidora

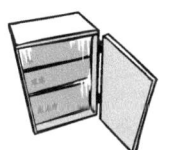

friza nini

congelador

toa a abɔdoma nom ano

mamadera

paipo

canilla

adwareɛ

baño

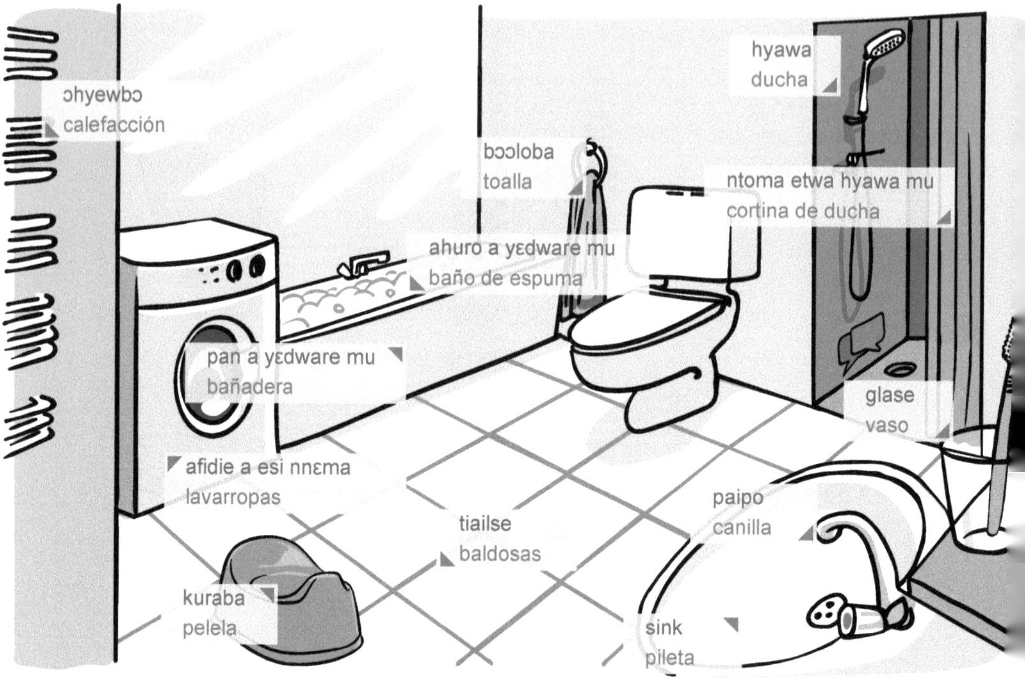

ɔhyewbɔ
calefacción
hyawa
ducha
bɔɔloba
toalla
ntoma etwa hyawa mu
cortina de ducha
ahuro a yɛdware mu
baño de espuma
pan a yɛdware mu
bañadera
glase
vaso
afidie a esi nnɛma
lavarropas
paipo
canilla
tiailse
baldosas
kuraba
pelela
sink
pileta

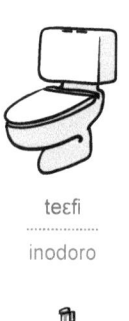

teɛfi

inodoro

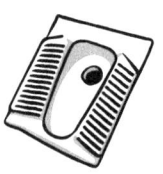

teɛfi a yɛ koto so

letrina

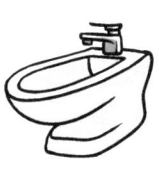

bidet teɛfi

bidé

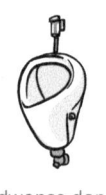

dwonsɔ dan

mingitorio

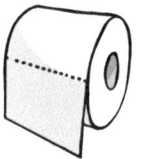

teɛfi so krataa

papel higiénico

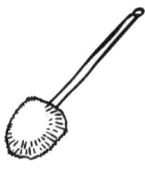

teɛfi so brɔhye

cepillo para el inodoro

brɔhye a yɛde twitwiri see

cepillo de dientes

aduro a yɛde twitwiri see

dentífrico

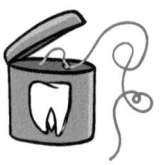

yɛde yiyi ɛsee mu

hilo dental

si

lavar

hyawa a yɛsɔ mu

ducha de mano

paipo a yɛde hohoro ananmu

ducha higiénica

bokiti

palangana

brɔhye a wode dware w'akyi

cepillo para espalda

samena

jabón

hyawa samena

gel de ducha

nsuo samena

shampoo

flanɛl ntoma

toallita

baabi a nsu fa pue

desagüe

nku

crema

yɛde fefa amotoamu

desodorante

ahwehwɛ

espejo

ahwehwɛ a yɛsɔ mu

espejito

bled

maquinita de afeitar

ahuro a yɛde yi nwi

espuma de afeitar

aduro a yɛde fefa baabi a wo ayi nwi

aftershave

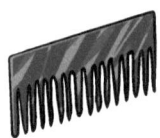

afen

peine

brɔhye

cepillo

afidie a ɛwo nwi

secador de pelo

enwi sopre

spray

pɔns

maquillaje

lipstike

lápiz de labios

penti a yɛde mɔreɛ so

esmalte para uñas

asaawa

algodón

apasoɔ a etwa mmɔreɛ

tijera para uñas

aduhwam

perfume

adwareɛ baage

portacosméticos

edwa

banqueta

skele

balanza

adwereɛ ataadeɛ

bata

rɔba a yɛde hyɛ nsa ho

guantes de goma

tampon

tampón

abɛɛfo amonsen

toallita femenina

teɛfi a aduro gum

baño químico

nkwadaa dan mu
cuarto de los chicos

klɔk a ɛbɔ nkaeɛ
despertador
kyoobi
peluche
toi kaa
coche de juguete
akasaa
sonajero
broniba dan
casa de muñecas
seeseiara
regalo

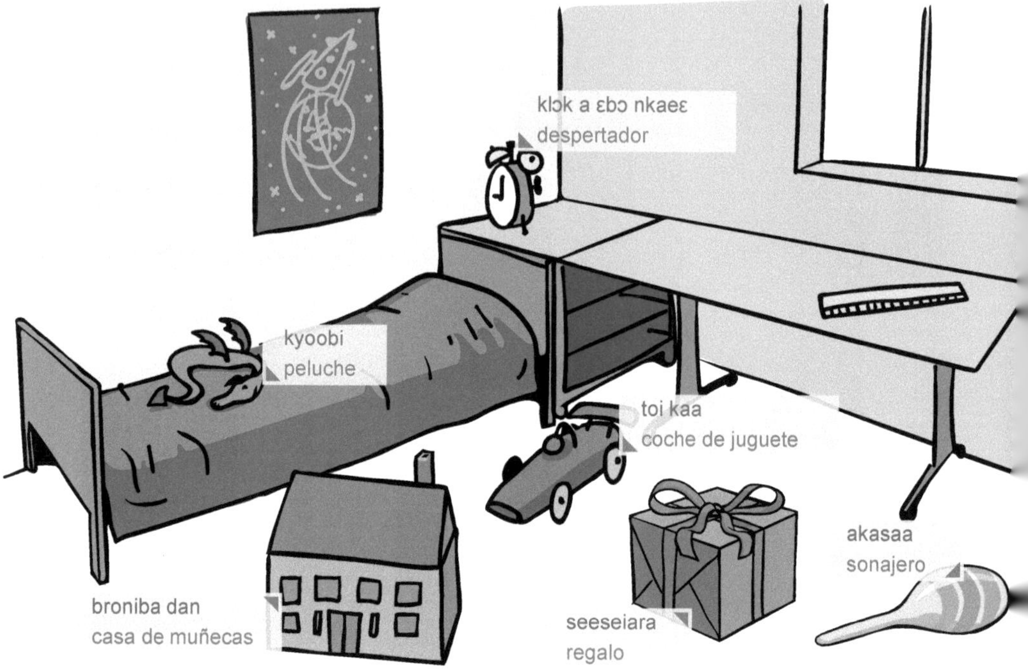

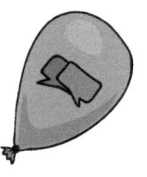

baaluu

globo

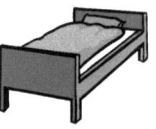

mpa

cama

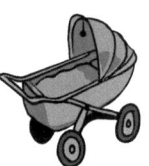

nkwadaa kaa

cochecito

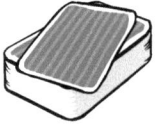

sopaa

cartas

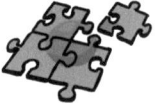

gyiksɔɔ

rompecabezas

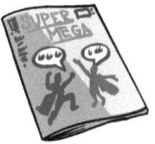

nsɛnkwa

historieta

lego blɔg

piezas de lego

blɔg a yɛde si dan

ladrillos de juguete

nnipa ɔbɔhye

figura de acción

abɔdoma ataadeɛ

enterito (de bebé)

frisbee

frisbee

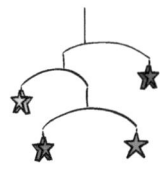

mobail

móvil para bebés

ponoso agodie

juego de mesa

daahye

dados

nkwadaa keteke

tren eléctrico

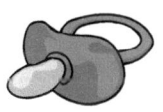

koliko

chupete

apontoɔ

fiesta

nfonin nwoma

libro de cuentos ilustrado

bɔɔlo

pelota

broniba

muñeca

di agorɔ

jugar

anwea adaka
arenero

adonko
hamaca

tois
juguetes

video agodie apaawa
consola de videojuegos

sakre a ne nan meɛnsa
triciclo

kyoobi
osito de peluche

wɔdropo
armario

ntaadeɛ
ropa

sɔks
medias

stokens
medias panty

sekentait
calzas

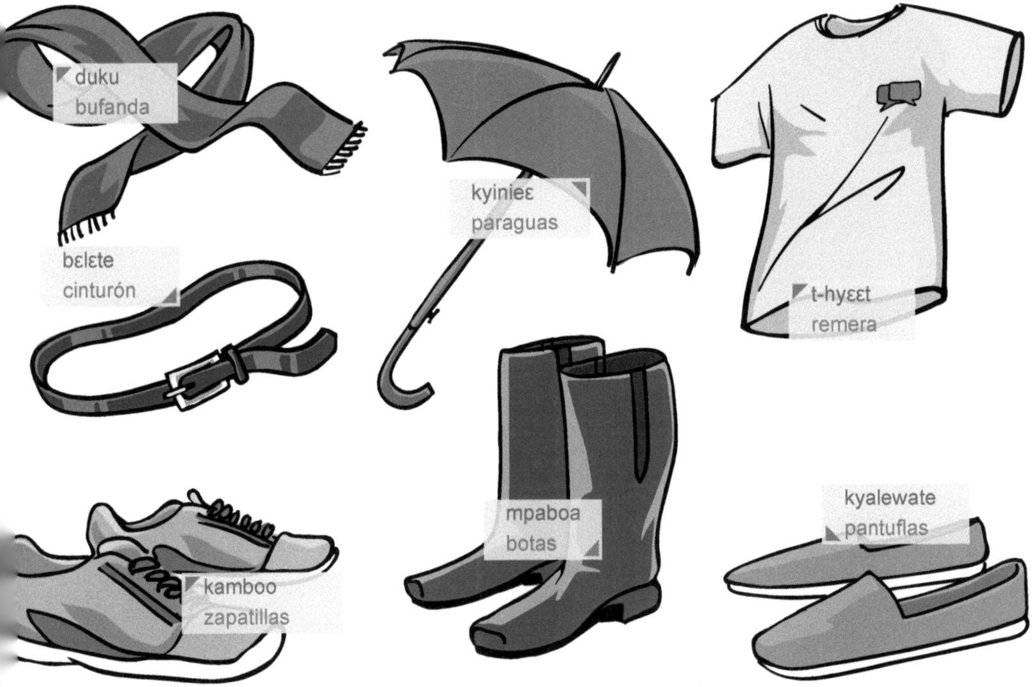

duku
bufanda

bɛlɛte
cinturón

kyinieɛ
paraguas

t-hyɛɛt
remera

mpaboa
botas

kyalewate
pantuflas

kamboo
zapatillas

asopatre
sandalias

mpoboa
zapatos

rɔba mpaboa
botas de goma

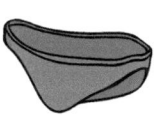

ɛtam
ropa interior

bra
corpiño

singlɛte
chaleco

ntaadeɛ - ropa

nipadua

body

trɔsa

pantalones

gyins

jeans

sekɛɛt

pollera

ɛsoro ataadeɛ

blusa

hyɛɛte

camisa

nkatoho a ɛko awɔ

pulóver

hoodie

buzo

koot

blazer

nkatasoɔ

campera

nkatasoɔ

tapado

nsutɔ mu nkataho

piloto

dwumadie bi ho ataadeɛ

traje

mmaa atadeɛ

vestido

ayefrɔ ataadeɛ

vestido de novia

kootu

traje

mmaa ataadeɛ a yɛde da

camisón

pigyamas ataadeɛ

pijama

sari

sari

duku

pañuelo para cabeza

abotire

turbante

burka

burka

kaftan

caftán

nkramofoɔ mmaa atadeɛ

abaya

ɛaadeɛ a yɛde dware nsuo

traje de baño

asenemu ataadeɛ

short de baño

nika

shorts

agokansie ntaadeɛ

jogging

akatasoɔ

delantal

nsa nkataho

guantes

bɔtom

botón

sopɛɛse

anteojos

ahwneɛ

pulsera

komadeɛ

collar

kawa

anillo

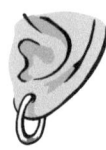

asomadeɛ

aro

ɛkyɛ

gorra

yɛde koot sɛn so

percha

ɛkyɛ

sombrero

abɔmene mu

corbata

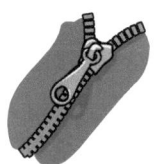

zip

cierre

ɛkyɛ denden

casco

bresis

tiradores

sukuu ataadeɛ

uniforme escolar

adwuma ataadeɛ

uniforme

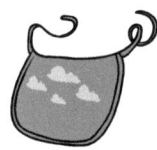

mmɔfra bib

babero

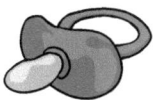

koliko

chupete

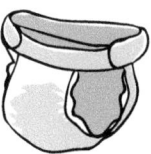

nkwadaa napken

pañal

asoeɛ

oficina

sɛɛva
servidor
kabenɛt
archivero
printa
impresora
krataa
papel
monita
monitor
ɛpono a yɛyɛ so adwuma
escritorio
Maws
mouse
nhyemu
carpeta
ntwerɛeɛ pono
teclado
a yɛde krataa nwura gu mu
de basura)
akonwa
silla
komputa
computadora

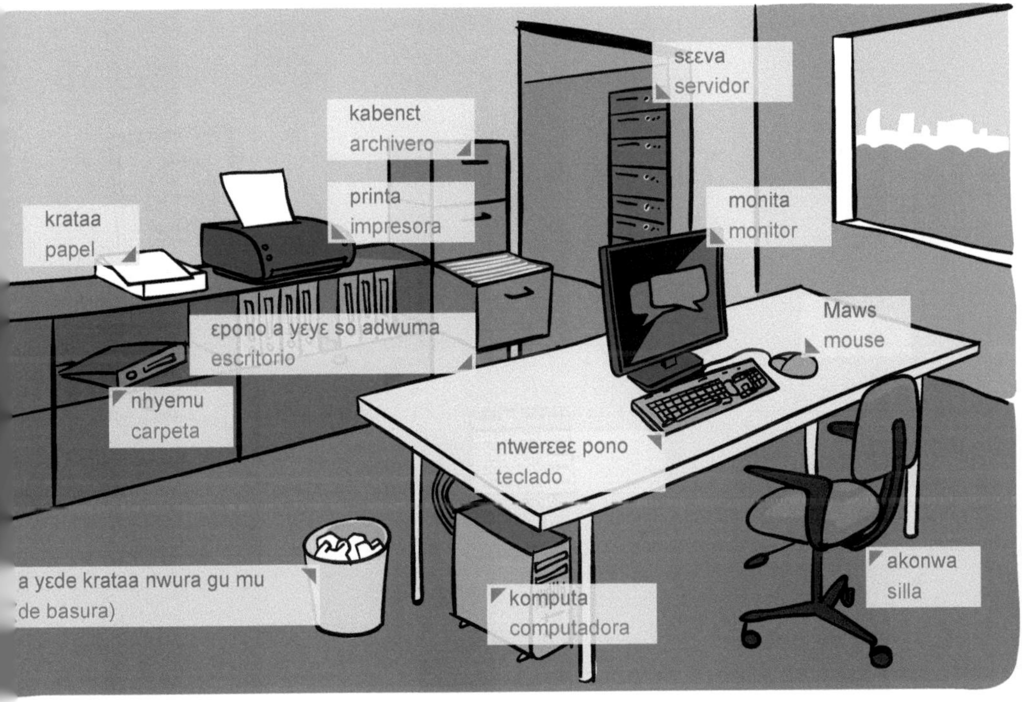

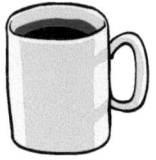

kɔfe kuruwa

taza de café

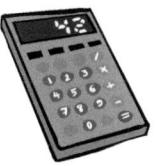

akontabuo fidie

calculadora

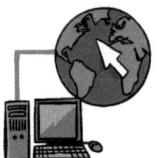

intanɛt

internet

laptop

laptop

lɛta

carta

nkratɔɔ

mensaje

mobail kasafidie

celular

nɛtwɛke

red

fotokɔpi

fotocopiadora

softwɛɛ

software

tetefon

teléfono

sɔkɛt

tomacorriente

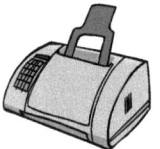

faks afidie

fax

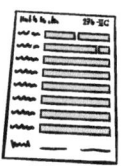

katraa

formulario

nkrataa

documento

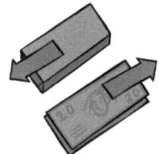

tɔ

comprar

tua

pagar

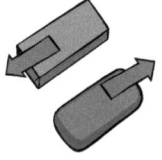

di dwa

hacer negocios

sika

dinero

USD

dollar

dólar

EUR

euro

euro

JPY

yen

yen

RUB

rubel

rublo

CHF

Swiss franks

franco ɛuizo

CNY

renminbi yuan

yuan

INR

rupii

rupia

baabi yɛtua sika

cajero automático

baabi a yɛ sesa sika

casa de cambio

sika kɔkɔɔ

oro

dwetɛ

plata

now

petróleo

ahoɔden

energía

ne boɔ

precio

kontragye

contrato

ɛtoɔ

impuesto

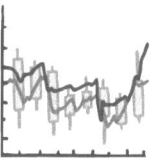

stɔk

acción

adwuma

trabajar

adwumayɛni

empleado

adwumawura

empleador

mfididwuma mu

fábrica

sotɔɔ

negocio

nwuma ahodoɔ
ocupaciones

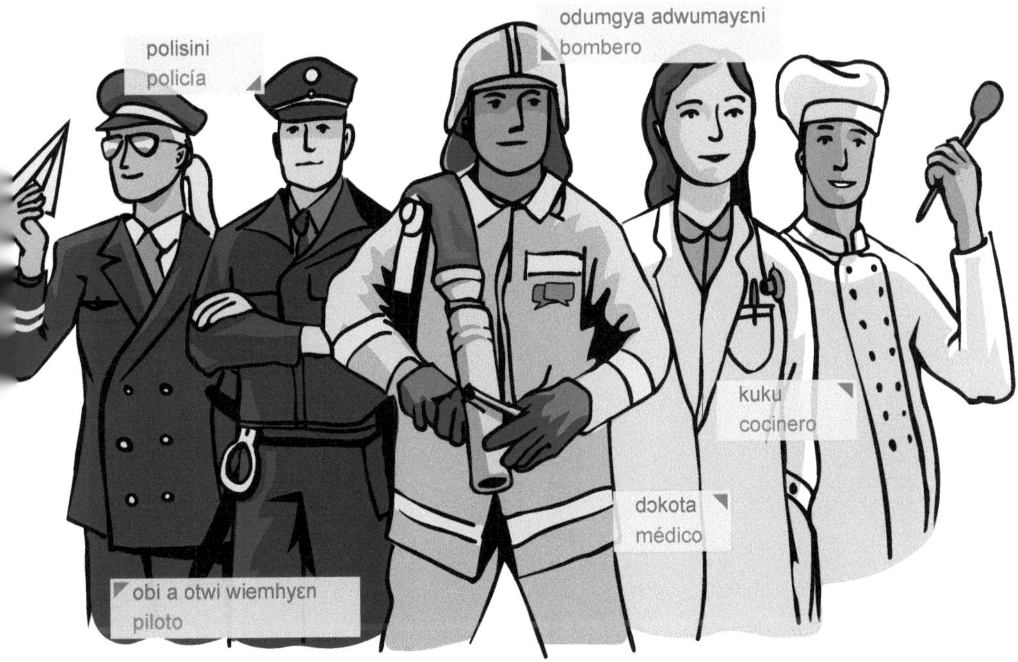

polisini
policía
odumgya adwumayɛni
bombero
kuku
cocinero
dɔkota
médico
obi a otwi wiemhyɛn
piloto

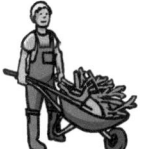

ɔyɛ afuo
jardinero

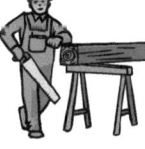

dua dwomfoɔ
carpintero

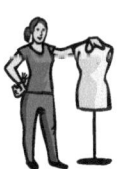

adepani baa
modista

atɛnmuafoɔ
juez

ɔtɔn nnuro
farmacéutico

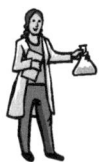

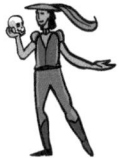

sini yɛfoɔ
actor

bɔs drɔba

colectivero

taisi drɔba

taxista

ɔpofoɔ

pescador

ɔbaa a osiesie fie

mucama

ɔbɔdanso

techista

ɔsom adidieɛ

mozo

bɔmɔfoɔ

cazador

penta

pintor

ɔto paano

panadero

ɔyɛ nkaneɛ ho adwuma

electricista

ɔdansifoɔ

albañil

inginia

ingeniero

ɔdwa nam

carnicero

plɔmba

plomero

krataa manefoɔ

cartero

sogyani

soldado

ɔdwi adan

arquitecto

ɔgyegye sika

cajero

otɔn nhwiren

florista

ɔyɛ tire

peluquero

meeti

cobrador

fitani

mecánico

nnipa a otwi suhyɛn

capitán

ɛsee dɔkota

dentista

abɔdeɛ mu nimdefoɔ

científico

rabi

rabino

kramo panin

imán

ɔsɔfo

monje

ɔsɔfo

sacerdote

anwenade
herramientas

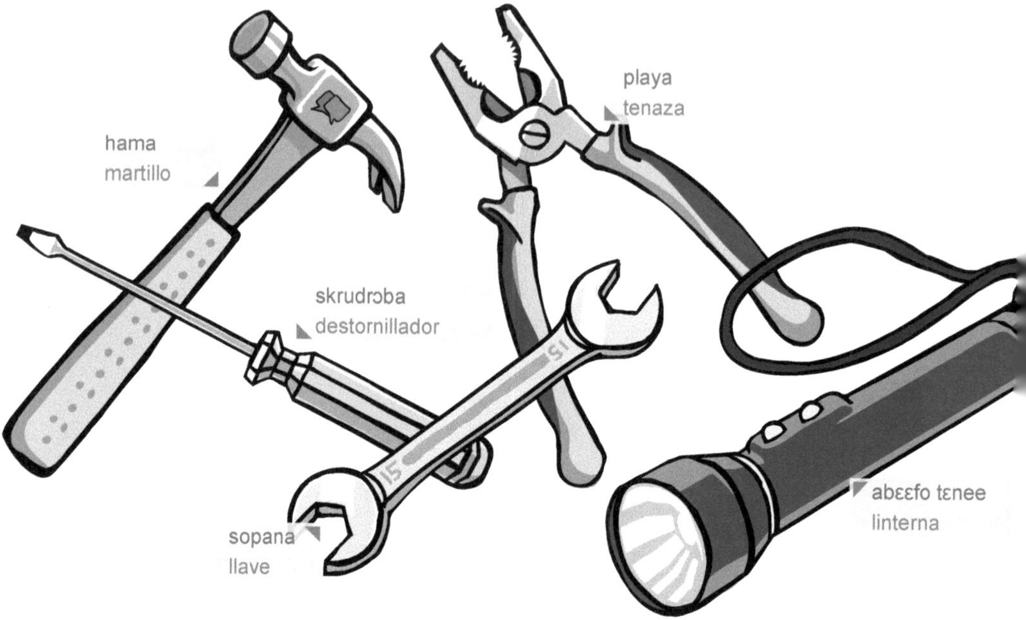
playa
tenaza
hama
martillo
skrudrɔba
destornillador
abɛɛfo tɛnee
linterna
sopana
llave

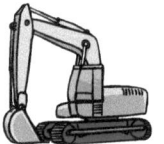

otu amena

excavadora

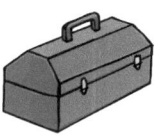

anwenade adaka

caja de herramientas

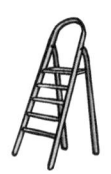

atwedeɛ

escalera portátil

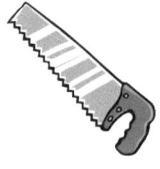

asradaa

sierra

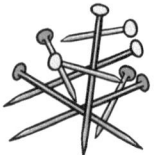

nnadewa

clavos

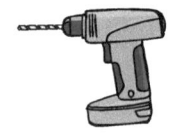

afidie a yɛde bɔne tokro

taladro

siesie
....
arreglar

sofi
....
pala de jardín

Ebei!
....
¡Qué bronca!

asanwura
....
pala de plástico

penti kukuo
....
tacho de pintura

skruu
....
tornillos

nneɛma a yɛde bɔ nwom

instrumentos musicales

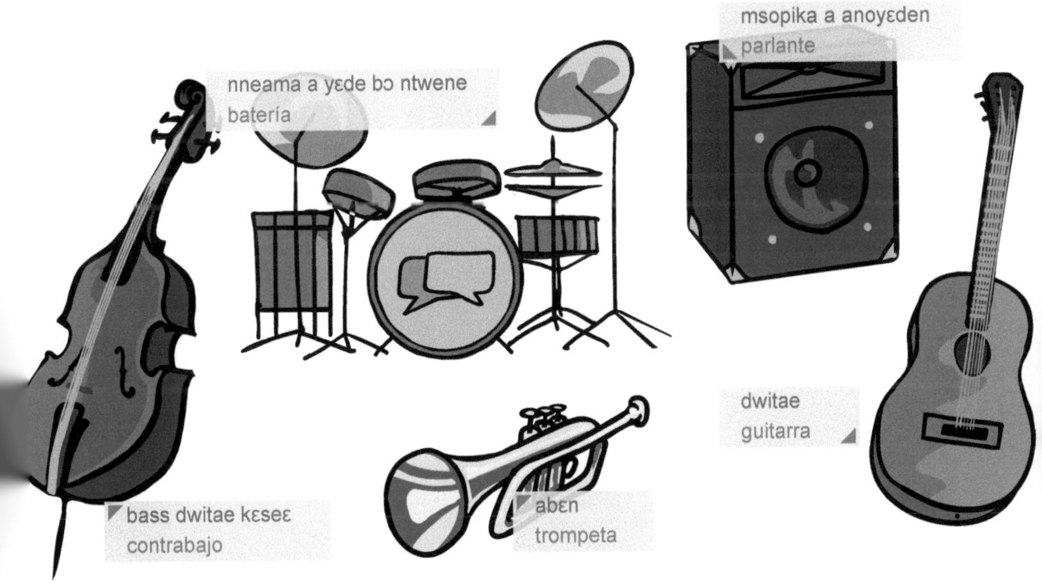

nneama a yɛde bɔ ntwene
batería

msopika a anoyɛden
parlante

dwitae
guitarra

bass dwitae kɛseɛ
contrabajo

abɛn
trompeta

sankuo

piano

ahoma sankuo

violín

bass dwitae

bajo

atumpan

timbales

ntwene

tambor

ntwerɛɛ apa

teclado

saksofon

saxofón

atentenbɛn

flauta

maikrofon

micrófono

zoo

zoológico

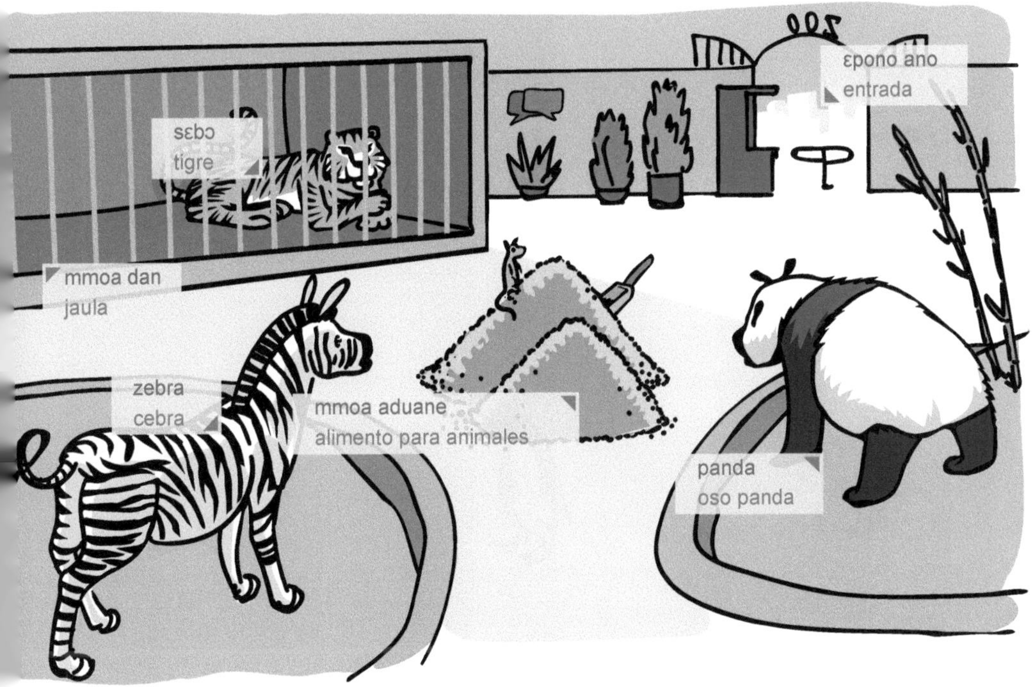
ɛpono ano
entrada
sɛbɔ
tigre
mmoa dan
jaula
zebra
cebra
mmoa aduane
alimento para animales
panda
oso panda

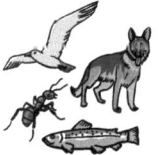

mmoa

animales

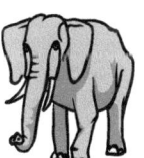

ɔsono

elefante

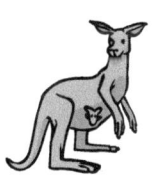

kangaru

canguro

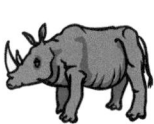

raino

rinoceronte

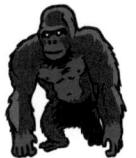

akatea

gorila

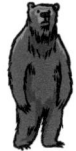

sisire

oso

afunuponkɔ

camello

sohori

avestruz

gyata

león

adwee

mono

flamingo

flamenco

ako

loro

awɔ mu sisire

oso polar

penguin

pingüino

oboodede

tiburón

akɔkonini abankwa

pavo real

wɔwɔ

serpiente

dɛnkyɛm

cocodrilo

nnipa ɛhwɛ zoo so

cuidador del zoológico

nsuo mu gyata

foca

sebɔ

jaguar

zoo - zoológico

pɔnkɔ ba

poni

etwie

leopardo

susuono

hipopótamo

kɔntenten

jirafa

ɔkɔdeɛ

águila

kɔkɔte

jabalí

apataa

pescado

sudandan

tortuga

walrus

morsa

sakraman

zorro

ɔtwee

gacela

Amerikafɔɔ futbɔɔlo
fútbol americano

skre twie
ciclismo

tennis
tenis

basketbɔɔlo
básquet

nsuom adwareɛ
natación

akutruku
boxeo

asukɔkyea so hɔki
hockey sobre hielo

futbɔl
fútbol

badmintin
bádminton

mirikatuo
atletismo

bɔɔlo a yɛde nsa bɔ
handball

skii
esquí

polo
polo

huri saltar	bam abrazar	sere reír
to dwom cantar		nante caminar
bɔ mpaeɛ rezar	fe ano besar	so daeɛ soñar

twerɛ escribir	dwi dibujar	kyerɛ mostrar
pia presionar	ma dar	fa tomar

nya

tener

yε

hacer

yε

ser

gyina

estar parado

tu mirika

correr

twe

tirar

to

tirar

tɔ fam

caer

da hɔ

estar acostado

twεn

esperar

soa

llevar

tenase

estar sentado

hyε ataadeε

vestirse

da

dormir

nyane

despertar

hwε
....
mirar

su
....
llorar

san ho
....
acariciar

nunum
....
peinar

kasa
....
hablar

te aseε
....
entender

bisa
....
preguntar

tie
....
escuchar

nom
....
beber

didi
....
comer

yε nsiesie
....
ordenar

ɔdɔ
....
amar

noa
....
cocinar

twi
....
manejar

tu
....
volar

fa nsuo so

navegar

sese

calcular

kenkan

leer

sua

aprender

adwuma

trabajar

ware

casarse

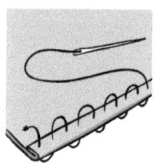

pam

coser

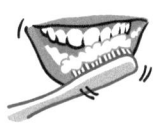

twitwiri wo se

cepillarse los dientes

kum

matar

nom gyɔt

fumar

mane

enviar

nana baa
abuela

nana barima
abuelo

papa
padre

maame
madre

abɔdoma
bebé

ba baa
hija

ba barima
hijo

ɔhɔhoɔ

invitado

sewaa

tía

wɔfa

tío

nua barima

hermano

nua baa

hermana

nipadua
cuerpo

moma
frente
ani
ojo
anim
cara
apantan
pera
nufoɔ
pecho
nsatea
dedo
nsa
mano
nsa
brazo
abɛtire
hombro
ɛnan
pierna

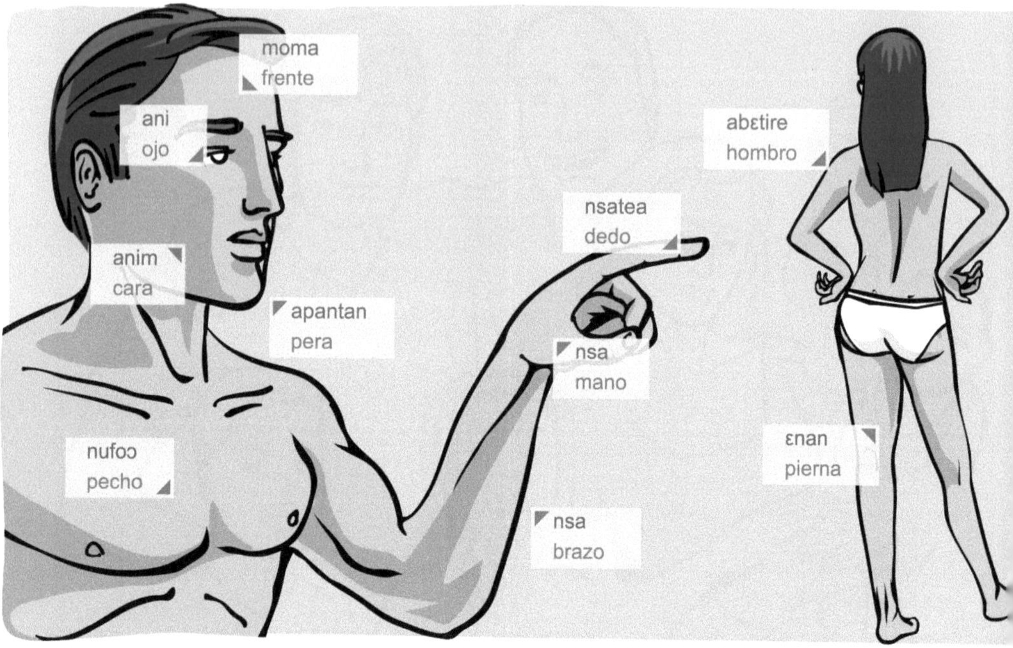

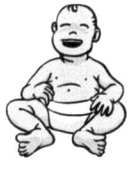

abɔdoma
bebé

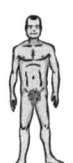

barima
hombre

ɔbaa
mujer

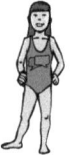

abayewa
nena

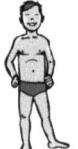

abarimawa
nene

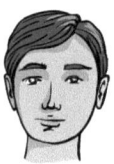

etire
cabeza

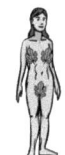

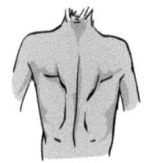

akyi

espalda

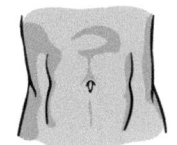

afro

panza

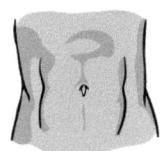

fruma

ombligo

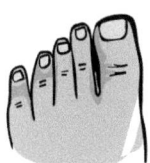

nansoa

dedo del pie

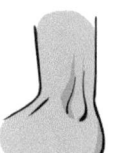

nantini

talón

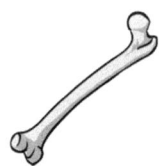

dompe

hueso

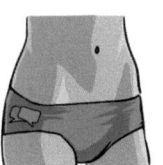

ataasɔ

cadera

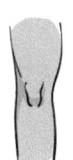

kotodwe

rodilla

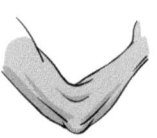

abatwɛ

codo

ɛhwene

nariz

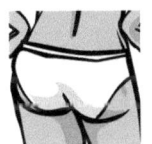

ɛtoɔ

cola

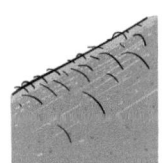

wedeɛ

piel

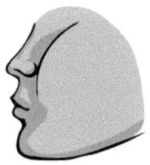

afono

cachete

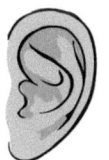

aso

oreja

ano

labio

nipadua - cuerpo

69

anom

boca

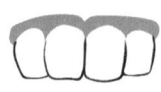

ɛsee

diente

tɛkyerɛma

lengua

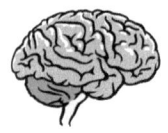

adwene

cerebro

akoma

corazón

ntini

músculo

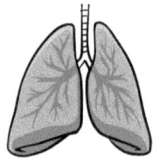

aharawa

pulmón

brɛbɔɔ

hígado

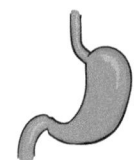

yafunu

estómago

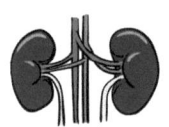

asaa

riñones

nna

sexo

kɔndɔm

preservativo

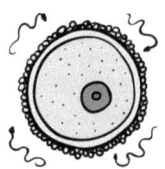

ɔbaa nkosua

óvulo

barima ho nsuo

semen

nyinsɛn

embarazo

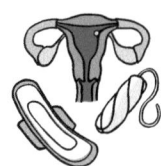

nsabuo
menstruación

ɛtwɛ
vagina

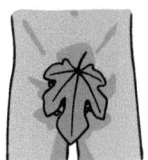

kɔteɛ
pene

aninton
ceja

enwin
pelo

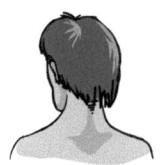

ɛkɔn
cuello

ayaresabea
hospital

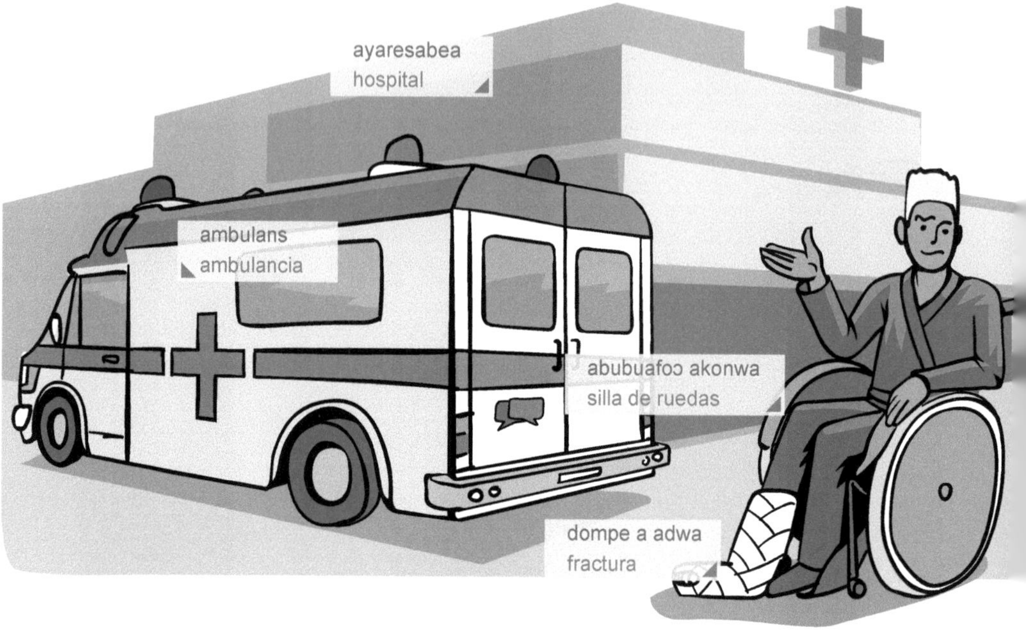

ayaresabea
hospital
ambulans
ambulancia
abubuafoɔ akonwa
silla de ruedas
dompe a adwa
fractura

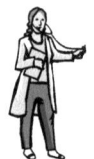

dɔkota

médico

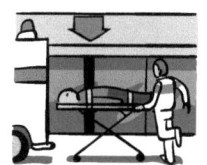

ɛdan a wɔde putupru nsɛm kɔmu

sala de guardia

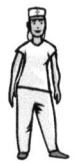

nɛɛse

enfermera

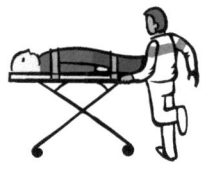

putupru

emergencia

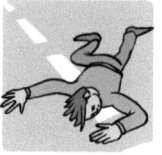

wɔ atwa ahwe

inconsciente

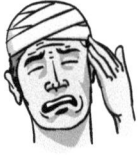

yea

dolor

epira

lesión

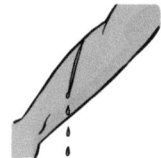

mogyatuo

hemorragia

akoma yarenini

infarto

stroke yareɛ

ACV

allegyi

alergia

ɛwa

tos

ahoɔhyeɛ

fiebre

papu

gripe

ayamtuo

diarrea

tipaeɛ

dolor de cabeza

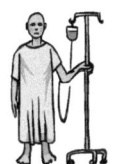

kokoram

cáncer

asikyire yareɛ

diabetes

dɔkota a ɛyɛ oprehyɛn

cirujano

skapɛl sekan

bisturí

aprehyɛn

operación

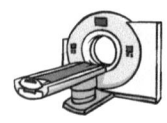

CT

TC

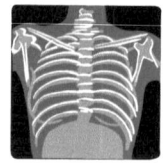

x-ray

rayos x

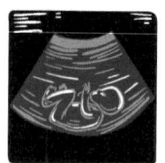

ultrasound

ecografía

nkatanim

barbijo

yarεε

enfermedad

εdan a wɔ twεn mu

sala de espera

krɔhyes

muleta

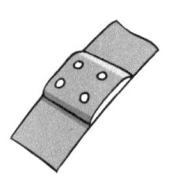

plasta

curita

banege

venda

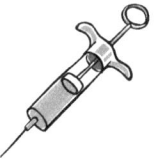

panεε

inyección

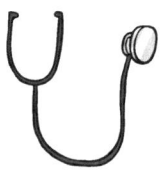

Stetoskop

estetoscopio

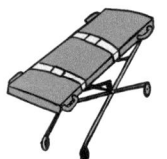

ahomankaa

camilla

afidie a esusu ahoɔhyeε

termómetro

awoɔ

nacimiento

kεseε mmorosoɔ

sobrepeso

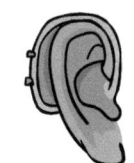

afidie a ɛboa asɛmtie

audífono

aduro a ekum mmoawa

desinfectante

yareɛ a mmoawa deba

infección

vaarɔs

virus

HIV / AIDS

VIH / SIDA

aduro

remedio

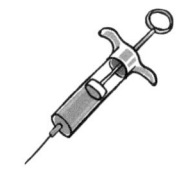

aduro a esi yareɛ ano

vacunación

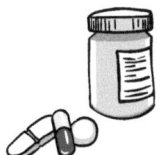

aduro tablɛte

comprimidos

topaeɛ

pastilla anticonceptiva

ɔfrɛ wɔ putupru so

llamada de emergencia

afidie a esusu mogya mmrosoɔ

tensiómetro

yareɛ / apomuden

enfermo / sano

Boa me!

¡Ayuda!

kɔkɔbɔ

alarma

ɛborɔ

agresión

ato ahyɛ obi so

ataque

ɛyɛ hu

peligro

baabi a yɛfa de pue putupru
so

salida de emergencia

Ogya!

¡Fuego!

afidie a yɛde dumgya

matafuego

nkwanhyia

accidente

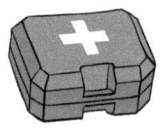

nneɛma yɛde sɔ yareɛ ano

botiquín de primeros
auxilios

SOS

SOS

polisi

policía

Yuropo

Europa

Amerika atifi

América del Norte

Amerika ananfoɔ

América del Sur

Abiberm

África

Asia

Asia

Australia

Australia

Atlantik

Atlántico

Pasifek

Pacífico

India po kɛseɛ

Ooéano Índico

Antaatek po keseɛ

Océano Antártico

Aatek po kɛseɛ

Océano Ártico

Ewiase atifi

polo norte

Ewiase anaafoɔ
polo sur

Antaatek
Antártida

Ewiase
Tierra

asaase
tierra

ɛpo
mar

supɔ
isla

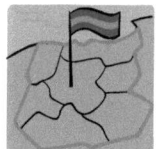

ɔman
nación

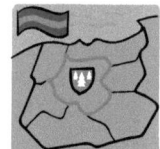

ɔman
estado

kloko no anim

esfera

donhwere nsa no

manecilla de las horas

sima nsa

minutero

anitɛtɛ nsa no

segundero

Abɔ sɛn?

¿Qué hora es?

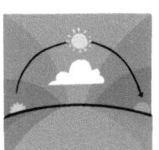

da

día

berɛ

hora

seeseiara

ahora

wkye a nɔma wɔ so

reloj digital

sima

minuto

dɔnhwere

hora

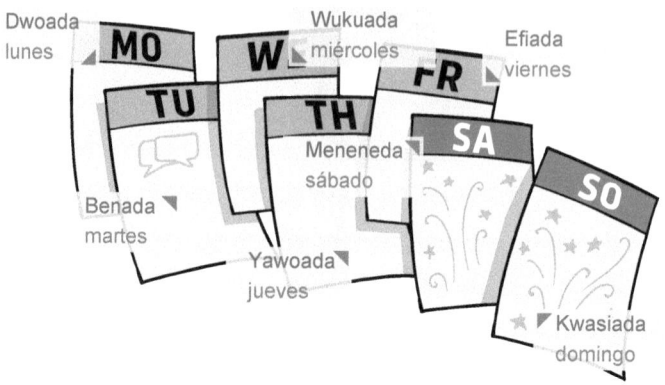

Dwoada — lunes
Wukuada — miércoles
Efiada — viernes
Benada — martes
Meneneda — sábado
Yawoada — jueves
Kwasiada — domingo

ɛnora
ayer

ɛnora
hoy

ɔkyina
mañana

anɔpa
mañana

prɛmtobrɛ
mediodía

anwumerɛ
tarde

MO	TU	WE	TH	FR	SA	SU
1	2	3	4	5	6	7
8	9	10	11	12	13	14
15	16	17	18	19	20	21
22	23	24	25	26	27	28
29	30	31	1	2	3	4

adwuma nna
días hábiles

MO	TU	WE	TH	FR	SA	SU
1	2	3	4	5	6	7
8	9	10	11	12	13	14
15	16	17	18	19	20	21
22	23	24	25	26	27	28
29	30	31	1	2	3	4

nnawɔtwe awieɛ
fin de semana

afe
año

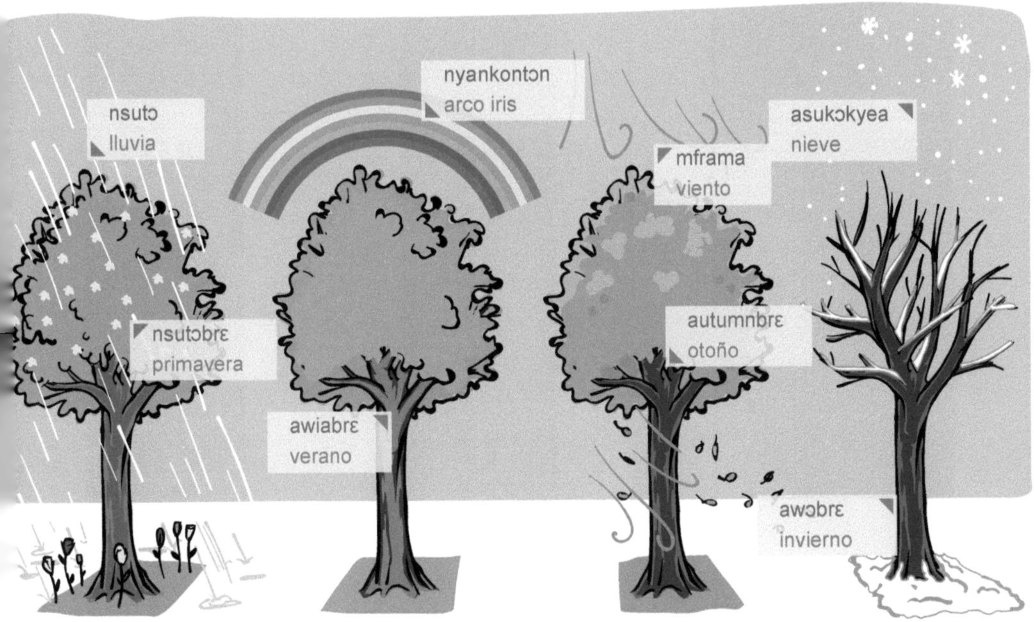

nsutɔ
lluvia
nyankontɔn
arco iris
asukɔkyea
nieve
mframa
viento
nsutɔbrɛ
primavera
autumnbrɛ
otoño
awiabrɛ
verano
awɔbrɛ
invierno

4.APRIL 11°
5.APRIL 4°
6.APRIL 13°
7.APRIL 8°
8.APRIL 10°

ewiem nsakrɛɛɛ

pronóstico meteorológico

F C
120 40
30
60 20
10
30 0
0 -10
-30 -20

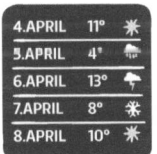

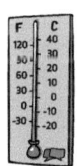

afidie a esusu ade ho hyeɛ

termómetro

awiabɔ

luz del sol

munukum

nube

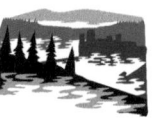

ɛbɔ

niebla

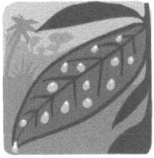

ewiem nsuo

humedad

ayerɛmo

rayo

apranaa

trueno

ehum

tormenta

asukɔkyea

granizo

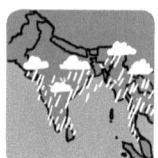

monsoonbrɛ

monzón

nsuyiri

inundación

aise

hielo

ɔpɛpɔn

enero

ɔgyefoɔ

febrero

ɔbɛnem

marzo

Oforisuo

abril

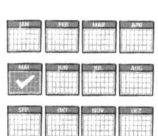

Kotonimaa

mayo

Ayɛwohomumu

junio

Kitawonsa

julio

ɔsanaa

agosto

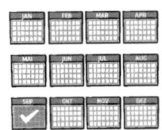

ɛbɔ
....
septiembre

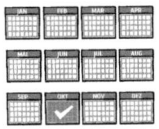

Ahinime
....
octubre

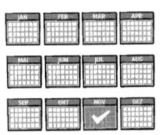

Obubuo
....
noviembre

ɔpɛnimaa
....
diciembre

abosuo
formas

kanko
....
círculo

sokwɛɛ
....
cuadrado

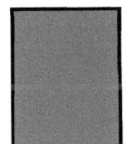

rɛktangel
....
rectángulo

triangel
....
triángulo

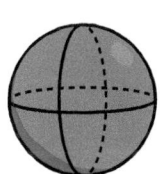

krukruwa
....
esfera

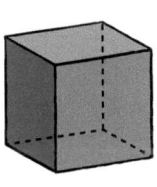

adaka
....
cubo

fitaa
....
blanco

akokɔ sradeɛ
....
amarillo

ankaa
....
naranja

pink
....
rosa

kɔkɔɔ
....
rojo

pɛpol
....
violeta

bruu
....
azul

ahaban mono
....
verde

braun
....
marrón

nson
....
gris

tuntum
....
negro

pii / ketewa

mucho / poco

wo boafu / wɔ adwo

enojado / tranquilo

ɛyɛ fɛ / ɛyɛ tan

lindo / feo

ahyɛseɛ / awieɛ

principio / fin

kɛseɛ / esua

grande / chico

ɛha / esum

claro / oscuro

nuabarima / nuabaa

hermano / hermana

ɛho te / ayɛ fin

limpio / sucio

awie / enwieɛ

completo / incompleto

awia / anadwo

día / noche

awu / ɛte ase

muerto / vivo

emubae / ɛyɛ tea

ancho / angosto

yɛde /yɛnni

comestible / no comestible

bɔne / tema

malo / amable

wɔ aniagye / wɔ ani nka

entusiasmado / aburrido

ɔso / teatea

gordo / flaco

edikan / etwatoɔ

primero / último

adamfoɔ / atamfo

amigo / enemigo

ayɛ mma / hwee nim

lleno / vacío

ɛdenden / mmerɛ mmerɛ

duro / blando

ɛyɛ duru / ɛyɛ ha

pesado / liviano

ɛkɔm / nsukɔm

hambre / sed

yareɛ / apomuden

enfermo / sano

etia mmara / ɛwɔ mmara mu

ilegal / legal

nyansa / gyimi

inteligente / estúpido

benkum / nifa

izquierda / derecha

ɛbɛn / akyire

cerca / lejos

foforɔ / dada

nuevo / usado

hwee / biribi

nada / algo

wɔ anyini/ ɔsua

viejo / joven

sɔ /dum

encendido / apagado

bue / tom

abierto / cerrado

dinn / dede

silencioso / ruidoso

ɔdefoɔ / ohia

rico / pobre

nifa / benkum

correcto / incorrecto

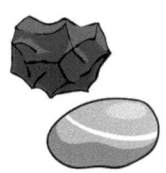

werewerɛwerewerɛ / trontron

áspero / suave

awerɛhoɔ / anigyeɛ

triste / contento

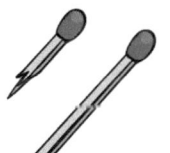

tietia / tenten

corto / largo

nyaa / ntɛm

lento / rápido

afɔ / awɔ

mojado / seco

dedɛɛdeɛɛ / adwo

caliente / frío

akoo / asomdweɛ

guerra / paz

0

hwee

cero

1

baako

uno

2

mienu

dos

3

meɛnsa

tres

4

ɛnan

cuatro

5

enum

cinco

6

nsia

seis

7

nson

siete

8

nwɔtwe

ocho

9

nkron

nueve

10

edu

diez

11

du-baako

once

12
du-mienu

doce

13
du-meɛnsa

trece

14
du-nan

catorce

15
du-num

quince

16
du-nsia

dieciséis

17
de-nson

diecisiete

18
du-nwɔtwe

dieciocho

19
du-nkron

diecinueve

20
aduonu

veinte

100
ɔha

cien

1.000
apem

mil

1.000.000
ɔpepem

millón

Brɔfo

inglés

Amerikafoɔ Brɔfo

inglés americano

Chainfoɔ Mandarin

chino mandarín

Hindi

hindi

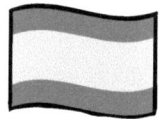

Spainfoɔ kasa

español

French kasa

francés

Arabia kasa

árabe

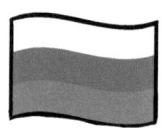

Russianfoɔ kasa

ruso

Portugalfoɔ kasa

portugués

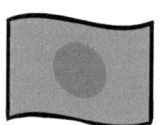

Bengali

bengalí

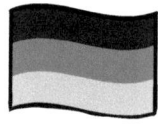

Germanfoɔ kasa

alemán

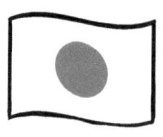

Japanfoɔ kasa

japonés

Me
yo

wo
vos

ono
él / ella

yɛn
nosotros

wo
ustedes

ɔmmo
ellos

hwan?
¿quién?

deɛ bɛn?
¿quó?

ɛyɛ deen?
¿cómo?

ehen?
¿dónde?

dabɛn?
¿cuándo?

HELLO, I AM

edin
nombre

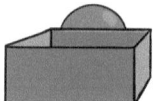

akyire

detrás

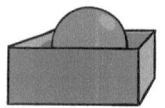

emu

en

anim

adelante de

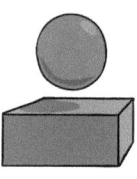

ɛsoro

por encima de

ɛso

sobre

aseɛ

debajo de

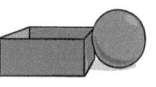

nkyɛn

al lado de

ntɛm

entre

beaɛ

lugar